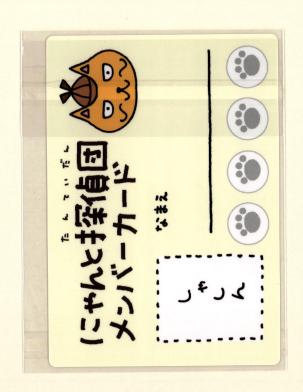

にゃんと探偵団
メンバーカード
＆シール付き

子どもの考える力をつける
3つの秘密道具

お悩み解決!! にゃんと探偵団

Kishira Yuji　　　　Kishira Mayuko
【著】岸良裕司　【イラスト】きしらまゆこ

ナツメ社

もくじ

本書の使い方 …………………………………………………… 4
プロローグ ようこそ、にゃんと探偵団へ！ …………… 5

第1章 勉強ぎらいのにゃんじのお悩み解決！

宿題をしないとどうなるの？ ……………………………… 14
宿題をすると成績がよくなるの？ ………………………… 21
宿題をするか、ゲームをするか、対立解決！ …………… 32
💡 応用問題 相手の立場になって考えるには？ ………… 43
よい子ののろい　パート① ………………………………… 49

第2章 失敗ばかりのにゃんたのお悩み解決！

にゃんたの失敗！ …………………………………………… 54

第3章　夢見るにゃんこのお悩み解決！

にゃんこの夢をかなえよう ……………………………………… 68

💡 応用問題　まだ夢がないときはどうするの? ………………… 74

第4章　にゃんと先生のお悩み解決！

ダークサイドにゃんと先生のお悩み …………………………… 84

エピローグ　にゃんと探偵団4つのちかい ………………………… 89

よい子ののろい　パート② ……………………………………… 98

にゃんと先生からのお手紙 ……………………………………… 102

本書の使い方

❶ 3つのひみつ道具を使って、どうやったら悩みを解決できるか考えてみよう！

❷「かいせつせねばなるまい…」を読んで理解を深めよう！

❸「ふりかえりドリル」で学んだことをまとめて、行動に活かそう！

❹「自由課題」をきみも自由に考えてみよう！

プロローグ

ようこそ、にゃんと探偵団へ！

わたしは、にゃんと。
探偵にゃ。
探偵といっても、
ふつうの探偵じゃないにゃ。
お悩み解決探偵なんにゃ！

にゃんと探偵団のメンバーにゃ！

きみも今日から
メンバーにゃ！

にゃんじ

にゃんた

にゃんこ

これが、にゃんと探偵団メンバーカードにゃ！

きみの名前を書いて写真を貼るんにゃ！

みほん

にゃんと探偵団メンバーカード

しゃしん

なまえ

それぞれの章を読み終わったら、カードのここに、シールを貼るにゃ！

悩んだときはこの「4つの ちかい」を思い出すにゃ！

メンバーカード裏面

にゃんと探偵団 4つのちかい

🐾 つなげてシンプルに考える
➡ 論理的に考える力がつく

🐾 人のせいにも自分のせいにもせず、思い込みのせいにする
➡ 誰も傷つくことなく、悩みを解決できる

🐾 対立しても両立する方法を考える
➡ 相手の立場になって考えて、対立を解消できる

🐾 わかっていると言わない
➡ 常に学び続けて、成長し続けられる

※ p.89〜のエピローグでくわしく解説しています。

これが 3 つのひみつ道具にゃ！

にゃんと探偵団には３つのひみつ道具があるんにゃ。
はこ と やじるし と バナナ にゃ。
この３つのひみつ道具を使って
みんなの悩みを解決するんにゃ！
これからこの道具の使い方を学ぶんにゃ！

3つのひみつ道具でできること

3つの道具を使えるようになると、このようなことができるようになるのにゃ！

- 論理的に考えられるようになる
- いやなことが起きないように、前もって防げるようになる
- ものごとの理由がわかるようになる
- これから起きることを前もって予測できるようになる
- 複雑に見えることをシンプルにできるようになる
- 対立を解消して、ブレークスルー（今までの考え方の枠を打ち破る突破口を見つけ、問題を解決すること）を起こせるようになる
- 相手の立場になって問題を解決できるようになる

> たった3つのひみつ道具で
> こんなにたくさんのことが
> できるようになるんにゃ！

- 手段と目的を分けて考えられるようになる
- 自分で答えを見つけることが楽しくなる
- 失敗から学び、成長できるようになる
- 失敗がこわくなくなる
- 夢をかなえる方法を見つけることができるようになる
- できない理由を、できる理由に変えることができるようになる
- 科学者のように考えることができるようになる

第1章

勉強ぎらいの にゃんじのお悩み解決！

勉強ぎらいをなおすには どうすればいいにゃ？

宿題をしないとどうなるの？

にゃんじは勉強がきらい。
とくに宿題は大きらい。
ゲームをやったほうが楽しいし……
でも、宿題をやらないと、
先生におこられるし……

宿題よりもゲームをやるほうが楽しいにゃ！

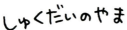
しゅくだいのやま

宿題をしないとどうなるか、考えてみるのにゃ！

宿題をしないとどうなるか
ひみつ道具を使って考えてみよう！

宿題をしないとどうなるか考えるために、ひみつ道具の はこ と やじるし を使うんにゃ！
まず「宿題をしない」を、① はこ に書くんにゃ。
そこから、② やじるし を上にのばして、次に③ はこ を描いて、その はこ に何が起きそうか考えてみるんにゃ！

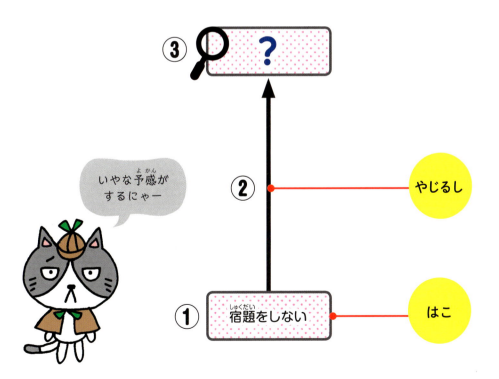

にゃんじは考えた

下の はこ から、次に起きることを推理して書いていくんにゃ！

「宿題をしない」と「成績が悪くなる」、「成績が悪くなる」と「中学に入ったら勉強についていけない」、「中学に入ったら勉強についていけない」と「落ちこぼれてしまう」にゃ。

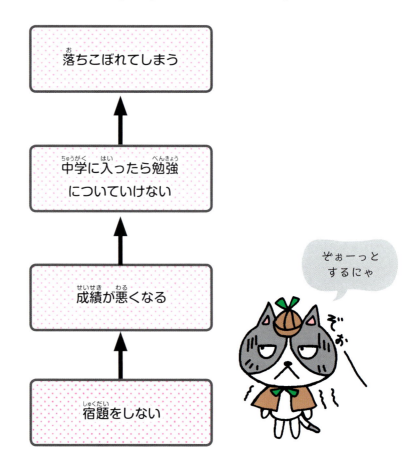

きみも考えてみよう！

「宿題をしない」とどうなるか はこ の中に下から書いてみるのにゃ！

はこ の数はいくつでもいいから自由に考えてみるんにゃ！

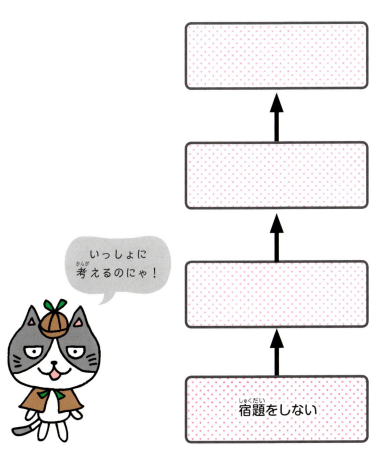

論理的に考えるとは？

下の はこ に書いたことは「原因」で、上の はこ に書いたことは、「結果」なんにゃ。

やじるし は「原因」と「結果」のつながりを表しているんにゃ。

「論理的に考える」とは、まさにものごとのつながりを考えること。

はこ と やじるし を使うと論理的に考える力が自然につくんにゃ！

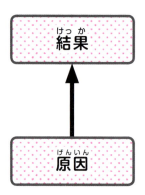

はこ と やじるし をつなげるだけで、探偵みたいに推理ができるんにゃ！

ふりかえりドリル

これまで学んだこと、わかったこと、次にやることのメリットを考えて、書いてみるにゃ！

🐾 本から学んだことは何ですか？

🐾 わかったことは何ですか？

🐾 わかったことを活かして、次にやることは何ですか？

🐾 それをやるとどういうメリットがありそうですか？

ふりかえりドリルの質問のひみつ

ふりかえりドリルの質問は、学びを深め、自分の行動に結びつけるための質問なんにゃ。

「学んだこと」は、学んだことを思い出すための質問。

「わかったこと」は、学んだことを自分の理解にするための質問。

「次にやること」は、学んだことを次の行動につなげるための質問。

そして「メリット」は、行動によって起きるはずの良いことを考えるための質問。

この4つの質問で学びのサイクルをつくっていくのにゃ！

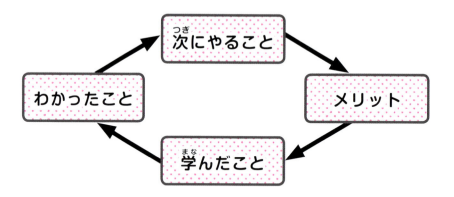

「次にやること」で起きる「メリット」がわかるとやる気になるにゃ！

宿題をすると成績がよくなるの？

にゃんじは宿題をする気になったけれど、宿題をしたら、本当に成績がよくなるのかわかりません。どうしたらいいのでしょう？

宿題をしたって成績がよくなるとは限らないにゃ！ならゲームしてたほうがマシにゃ！

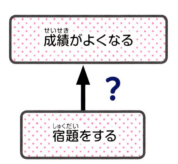

成績がよくなる

↑ ?

宿題をする

じゃあ、宿題をすると成績がよくなるのか考えてみるのにゃ！

宿題をすると成績がよくなるのには、理由があるはず！

宿題をすると成績がよくなるのには理由があるはずなのにゃ。その理由を考えてみるのにゃ！

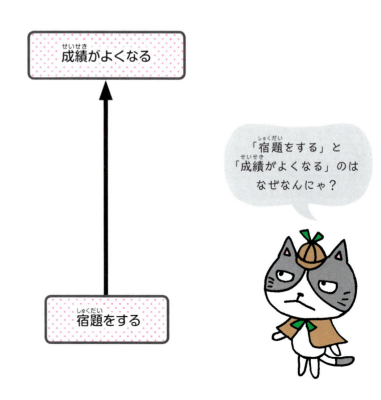

3つ目のひみつ道具「バナナ」

ここで3つ目のひみつ道具 バナナ を使うんにゃ！
バナナ は2つ以上のことが重なって、結果が起きることを示しているんにゃ。① はこ と② やじるし と③ バナナ を追加して、 はこ に何が入るか考えてみるのにゃ！

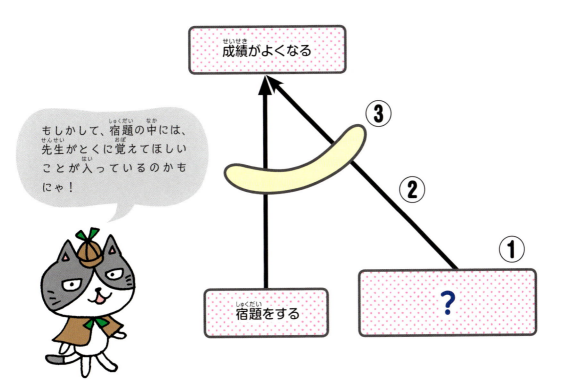

もしかして、宿題の中には、先生がとくに覚えてほしいことが入っているのかもにゃ！

理由を考える

先生がとくに覚えてほしいことが宿題に入っているなら、宿題で出た問題がテストに出る可能性は高いにゃ！

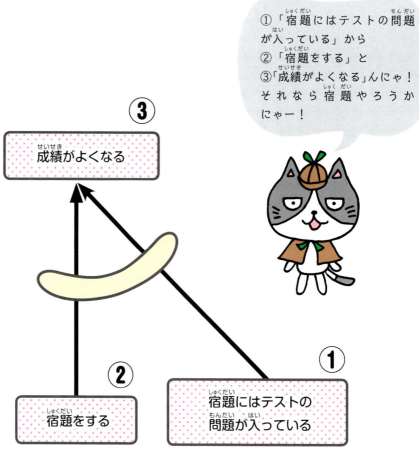

①「宿題にはテストの問題が入っている」から
②「宿題をする」と
③「成績がよくなる」んにゃ！
それなら宿題やろうかにゃー！

理由が大事

「宿題をする」と「成績がよくなる」のには理由がある。その理由がわかると、宿題ぎらいのにゃんじもやる気になったんにゃ！
「宿題をしなさい」と言われるより、**理由がわかったほうが、みんなやる気になる**のにゃ！

> 理由がわかれば納得するしやる気になるんにゃ！

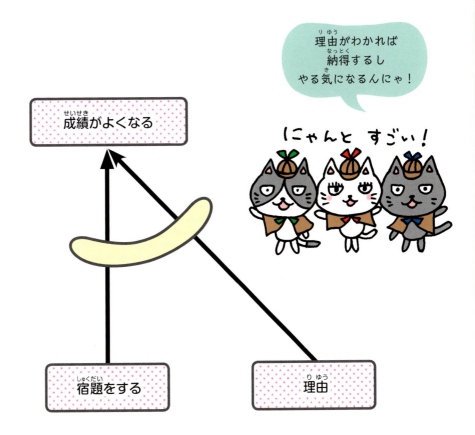

ふりかえりドリル

これまで学んだこと、わかったこと、次にやることのメリットを考えて、書いてみるにゃ！

🐾 本から学んだことは何ですか？

🐾 わかったことは何ですか？

🐾 わかったことを活かして、次にやることは何ですか？

🐾 それをやるとどういうメリットがありそうですか？

自由課題 考えてみよう！

片づけをしないで散らかしてばかりいる弟がいます。
どうやったら片づけるようになるでしょう？

- **自由に書いてみよう**

正解なんてない。
考えることが大事なんにゃ！

成績がよくなったらどうなる？

成績がよくなったらどうなるか、続きを考えてみるのにゃ！

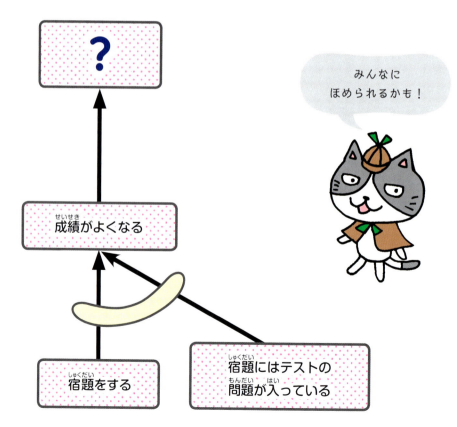

みんなにほめられるかも！

なぜみんなにほめられるの？

「成績がよくなる」と「みんなにほめられる」のはなぜにゃ？
その理由を考えてみるにゃ！

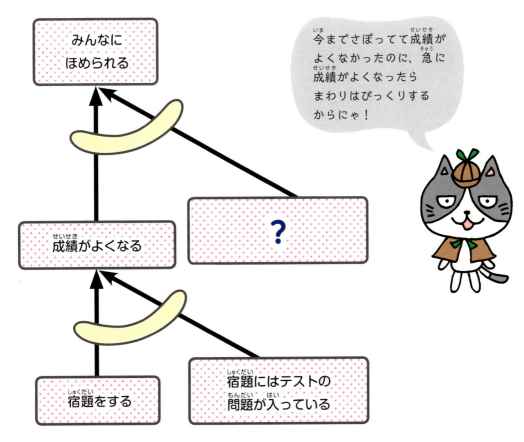

かいせつせねばなるまい…

つなげて考えるとものごとはわかりやすくなる

左の図と右の図、どちらが複雑に見えるにゃ？　右だにゃ！
でも、つながりに注目すると、どっちが問題を解決しやすそうにゃ？
たくさんものごとがからみ合って、一見複雑に見えても、**つながりさえわかれば、解決も楽になる**のにゃ！
３つのひみつ道具を使って論理的に考える力をつけることで、国語も、算数も、理科も、社会も、学ぶ力をつけることになるのにゃ！
そしてその先も役立つ、一生ものの宝物になるのにゃ！

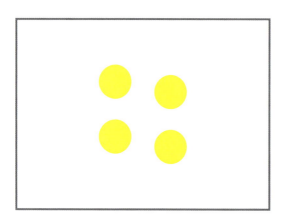

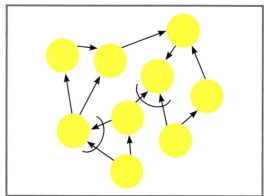

にゃんと　すごい！

つなげるとシンプル、わかりやすいにゃ！

30

ふりかえりドリル

これまで学んだこと、わかったこと、次にやることのメリットを考えて、書いてみるにゃ！

🐾 本から学んだことは何ですか？

🐾 わかったことは何ですか？

🐾 わかったことを活かして、次にやることは何ですか？

🐾 それをやるとどういうメリットがありそうですか？

宿題をするか、ゲームをするか、対立解決！

にゃんじは宿題をやる気になったけれど、それでもなかなか宿題に手をつけられません。やっぱりゲームのほうが楽しいし……
宿題をするか、ゲームをするかの対立にはさまれたにゃんじ。
どうしたらいいのでしょう？

宿題をする理由はわかったけど、それでも、宿題よりもゲームをするほうが楽しいにゃ！

対立もひみつ道具、 はこ と やじるし で解決にゃ！

対立を「はこ」と「やじるし」で表そう

まず、何が対立しているか はこ に書いてみるのにゃ！
そして やじるし を書くにゃ！
やじるし は2つの はこ の内容が対立しているから
ギザギザやじるしにするんにゃ！

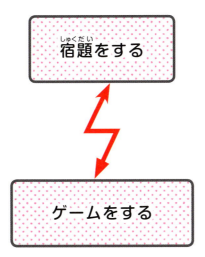

「宿題をする」べきか、
「ゲームをする」べきか、
それが問題にゃ！

対立する「はこ」のそれぞれの目的を考えよう

「宿題をする」「ゲームをする」は両方とも手段にゃ。

それぞれの手段には目的があるはず。

それを考えてみるのにゃ！

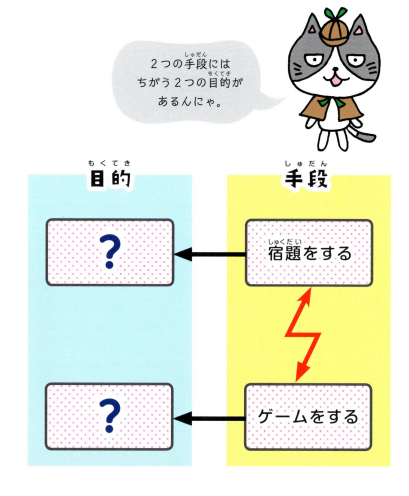

2つの手段にはちがう2つの目的があるんにゃ。

それぞれの目的の共通目的を考えよう

「宿題をする」のは、「いい成績をとる」ため。「ゲームをする」のは「ゲームがうまくなる」ためにゃ。手段のレベルでは「宿題をする」ことと「ゲームをする」ことは対立しているにゃ。けれど「いい成績をとる」と「ゲームがうまくなる」という目的は、対立してないんにゃ。それどころかこの2つには、共通目的があるはず！ それを考えてみるんにゃ！

「いい成績をとる」ことと「ゲームがうまくなる」ことの共通目的って何にゃ？「人気ものになる」ってことかにゃー？

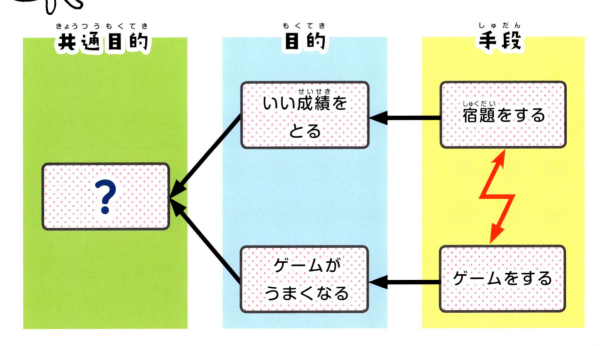

対立と両立

手段のレベルでは対立しているけど、目的のレベルでは対立していないんにゃ！
それどころか両立すべき目的なんにゃ！

2つのちがう目的を両立する方法を考えれば、対立は解消するんにゃ！

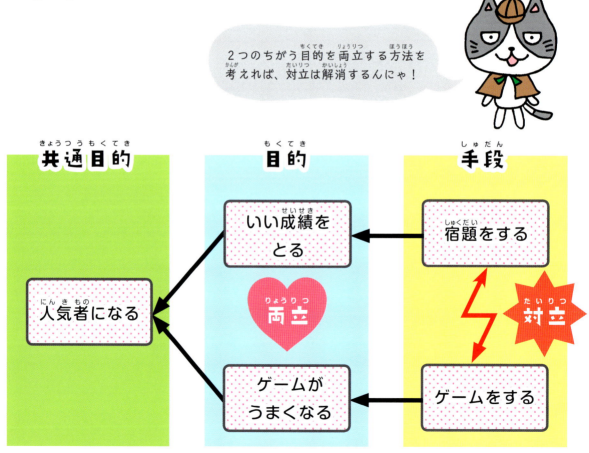

妥協しても イライラはたまる

対立したときに、よくこんな方法をとるにゃ。

- 対立などないようなフリをする
- どっちかをあきらめる
- どっちつかずで、毎回ぶれる
- 目的のどちらも中途半端な状況でガマンする

どれも妥協で本当の解決策にはならないんにゃ！
対立が解消しないかぎり、イライラはたまるんにゃ。
そして、いつかより大きな問題となって出てくるのにゃ！

ふりかえりドリル

これまで学んだこと、わかったこと、次にやることのメリットを考えて、書いてみるにゃ！

🐾 本から学んだことは何ですか？

🐾 わかったことは何ですか？

🐾 わかったことを活かして、次にやることは何ですか？

🐾 それをやるとどういうメリットがありそうですか？

目的を両立する方法を考える

「いい成績をとる」と「ゲームがうまくなる」が両立する方法を考えるのにゃ！

ゲームやってから宿題をしようとするといつまでも宿題が手につかないにゃ。でも宿題やってから、たくさんゲームやれるなら大丈夫かもにゃ！

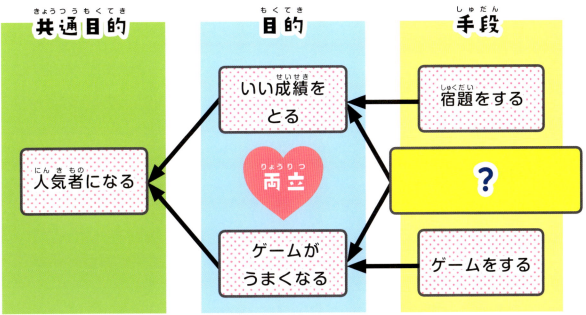

対立解消！

対立する状況から、両立する方法を見つけ出すことをブレークスルーというにゃ。
これは、今までの考え方の枠を打ち破る突破口を見つけ、問題解決したということで、すごいことなんにゃ！

> 対立はブレークスルーを起こすチャンスなのにゃ！

共通目的 / **目的** / **手段**

- いい成績をとる
- 人気者になる
- ゲームがうまくなる
- 宿題をする
- 早く宿題を終わらせて、たくさんゲームをする
- ゲームをする

両立

手段と目的

広辞苑という辞書を調べると、次のような説明がある。

「手段」というのは、「目的を達するための具体的なやり方」のこと。

「目的」というのは、「なし遂げようとしている事柄」のこと。

手段と目的は異なるのにゃ！

大事なのは目的の達成で、手段じゃないにゃ！

だから、手段じゃなく、目的に集中して考えることが、お悩み解決の極意なのにゃ！

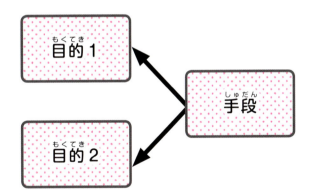

2つの異なる目的を同時に達成する手段を考えればいいんにゃ！

ふりかえりドリル

これまで学んだこと、わかったこと、次にやることのメリットを考えて、書いてみるにゃ！

🐾 本から学んだことは何ですか？

🐾 わかったことは何ですか？

🐾 わかったことを活かして、次にやることは何ですか？

🐾 それをやるとどういうメリットがありそうですか？

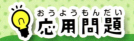

相手の立場になって考えるには？

金魚を買ってほしいとおねだりする
4才のこどもがいます。
でも、お母さんは買ってくれません。
「金魚を買う」「買わない」の対立を
どうやって解決したらいいでしょう？

字が書けなくても対立を絵で描けばいいんにゃ！

対立よりも2つのちがう目的を両立する方法を考える

「金魚を買う」のは、「金魚を見たい」からで、「金魚を買わない」のは、お母さんが「世話をしたくない」から。この対立する状況で、ちがう2つの目的を両立するブレークスルーを考えて、「お母さんと仲良くする」手段を考えてみるのにゃ！

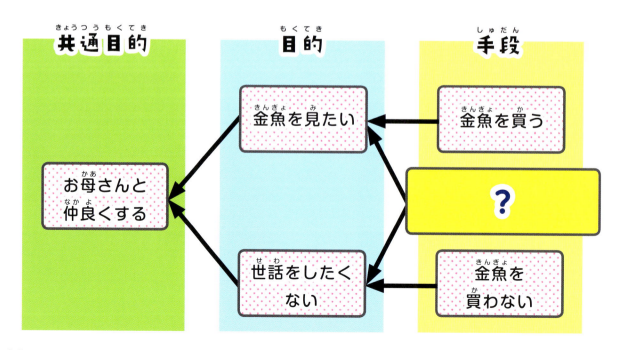

相手の立場になって考えて、けんかを解決

金魚を買ってくれないお母さんの気持ちを考えてみるのにゃ！

「『世話をしたくない』というお母さんの気持ち（目的）と、『金魚を見たい』という自分の目的を両立する方法を考えると問題が解決するよ」と言って、4才のこどもに自分で答えを見つけてもらったんにゃ！

そうしたらその子は、こう言ったそうにゃ！

「お母さん、幼稚園の帰りに金魚屋さんに連れてって！そうすれば、わたしはいろいろな金魚をたくさん見られるし、お母さんは世話をしなくっていいでしょ！」

まさにブレークスルーにゃ！

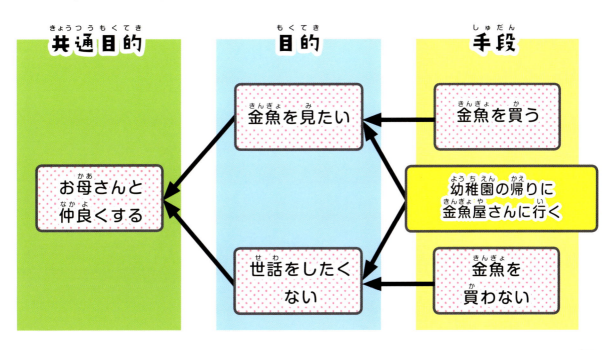

かいせつせねばなるまい…

自分で見つけた答えだから納得する

金魚を買いたいという対立の解決策を、もしもお母さんに教えてもらったらとしたらどうなるだろう？　考えてみるにゃ！
「お母さんが、幼稚園の帰りに金魚屋さんに連れて行ってあげる。そうすれば、いろんな金魚をたくさん見られるし、お母さんは世話をしなくっていいでしょ！」
こうお母さんが言っても、こどもは納得するとは思えないのにゃ。
「学ぶことの最大の障害は答えを教えることではないか？　それは、自分で答えを見つける機会を永久に奪ってしまうからである。自分で論理的に考えて答えを見つけ出すのが、人が学ぶための唯一の方法だとわたしは信じている。
人が考えるようになるためには、！マークよりも、？マークのほうがよっぽどいい。」とわたしの師匠、イスラエルの物理学者のゴールドラット博士は教えてくれたにゃ！

▲ ゴールドラット博士

にゃんと すごい！

！マークよりも、？マークにゃ！
答えを教えてもらうよりも、自分で考えたほうが、納得できるんにゃ！

46

ふりかえりドリル

これまで学んだこと、わかったこと、次にやることのメリットを考えて、書いてみるにゃ！

🐾 本から学んだことは何ですか？

🐾 わかったことは何ですか？

🐾 わかったことを活かして、次にやることは何ですか？

🐾 それをやるとどういうメリットがありそうですか？

自由課題 考えてみよう！

身のまわりの対立を解消してみましょう！

● 自由に書いてみよう

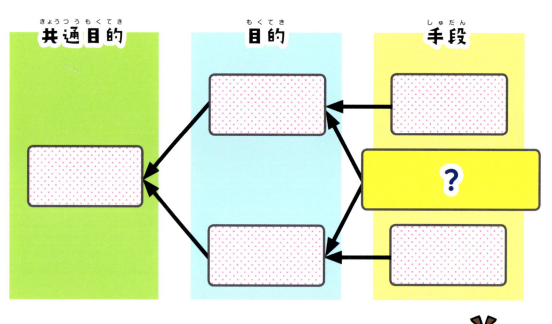

正解なんてない。
考えることが大事なんにゃ！

よい子ののろい

パート 1

にゃんと君は、小学生時代、成績優秀、クラスの模範児童で、チョーよい子でした。お父さん、お母さん、先生たち、まわりのみんなの期待に応えるのが、にゃんと君の喜びだったのです。

それから、中学校、高校、大学でも、成績優秀で、チョーよい子のままおとなになりました。

でも、社会人になって、にゃんと君の状況は全く変わってしまいました。学校時代とちがって、社会人になると教科書がありません。正解もありません。教科書も正解もない世界でどうやってよい子でいればいいか、わからなくなってしまったのです。

なんとかするために、いろいろな本を読んで勉強したり、学校に行ったりしました。
でも勉強したことをやろうとしても、実際の仕事ではうまくいかないのです。
「ちゃんと習った通りにやったのになぜうまくいかないんだろう？」
イライラはたまるばかり。
どんどんやる気もなくなり、仕事にも行きたくなくなってきました。

よい子になるために一生懸命やってきたのに、どうやってもうまくいかない「よい子ののろい」にかかってしまったようです。
「よい子ののろい」を解くはどうしたらよいのでしょうか？
「よい子ののろいパート2」（→98ページ）につづく。

第2章

失敗ばかりの にゃんたのお悩み解決！

失敗したらどうすればいいんにゃ？

にゃんたの失敗！

にゃんたは大失敗してしまいました。
寝坊して大事なサッカーの試合に
遅れてしまいました。
みんなも大迷惑！
どうすればよかったのでしょう？

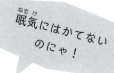

眠気にはかてないのにゃ！

失敗したときもひみつ道具は使えるのにゃ！

失敗の理由を考える

実際に起きた結果を はこ に書いて、なぜそうなったのか原因を考えるのにゃ！

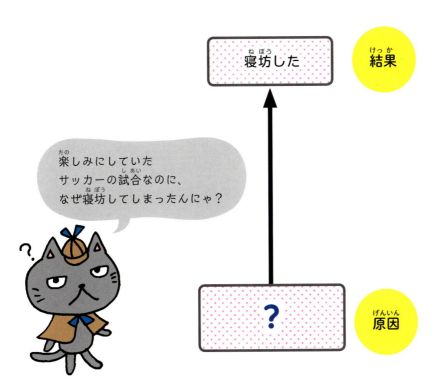

寝坊した理由は？

にゃんたは寝坊しないように、ちゃんと目覚まし時計をかけていたのにゃ！
でも寝坊したのにゃ！
これには、かくされたほかの理由があるはずにゃ。
その理由を見つけるにゃ！

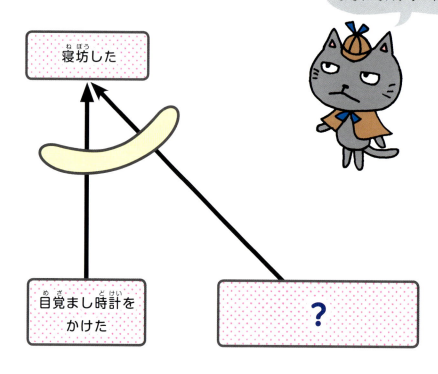

目覚まし時計をかけたのに、寝坊した。
まさにミステリーにゃ！

何か思い込みはないか探す

失敗しようとして、失敗するような人はいないんにゃ。
そこには、何か思い込みがあるはずなんにゃ。

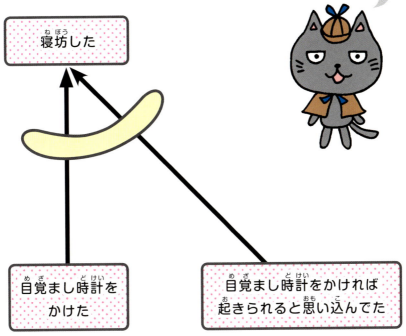

かいせつせねばなるまい…

人のせいにしても問題は解決しない

「人のせいにして問題は解決するかにゃ？」問題は解決しそうもないにゃー。じゃあ「自分のせいにしたら問題は解決するかにゃ？」
これも、難しいかもにゃ。じゃあ、何のせいにしたらいいのかにゃ？
思い込みのせいにしたらどうかにゃ？
人のせいにも、自分のせいにもしない。思い込みのせいにすれば、誰も傷つかないし、問題を解決できるんにゃ。
最初から、失敗しようとして失敗する人なんかいないんにゃ。
だから人のせいにするのは、解決を遠ざけることになるんにゃ。

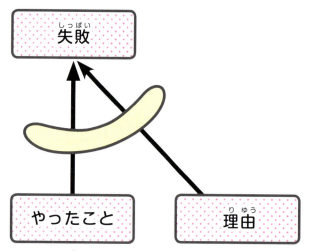

にゃんと すごい！

誰も失敗しようとして失敗しているわけじゃない。思い込みを見つけて解決するんにゃ！

ふりかえりドリル

これまで学んだこと、わかったこと、次にやることのメリットを考えて、書いてみるにゃ！

🐾 本から学んだことは何ですか？

🐾 わかったことは何ですか？

🐾 わかったことを活かして、次にやることは何ですか？

🐾 それをやるとどういうメリットがありそうですか？

原因を解消する

朝寝坊の原因は目覚まし時計を消してまた寝てしまったことにゃ。この原因を解決する方法を考えるのにゃ！
原因を解決すれば、次は同じ失敗をしなくなるんにゃ！

どうすれば、目覚まし時計を消してまた寝てしまうことをなくせるのかにゃー？

朝寝坊した

原因

目覚まし時計をかけた

目覚まし時計をかければ起きられると思い込んでいた

原因を解消する方法は？

「目覚まし時計をかければ起きられると思い込んでいた」
という原因を解消する方法を考えるんにゃ！

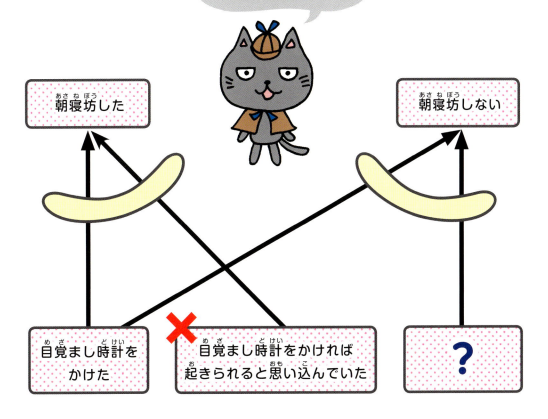

原因を解消すると次は失敗が防げる

目覚まし時計だけにたよらないで、お母さんに起こしてもらうとどういうことが起きるかにゃ？

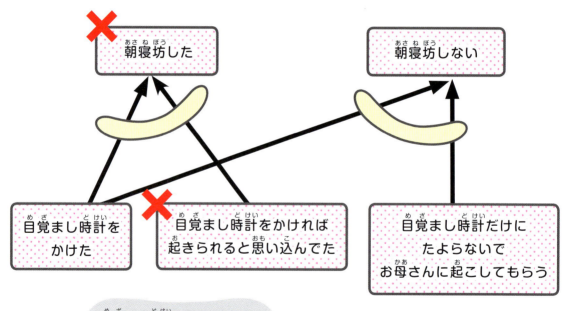

目覚まし時計をかけて、さらにお母さんに起こしてもらうなら、朝寝坊しないでちゃんと起きられそうにゃ！

原因を解消すると失敗もしなくなるし、もっと安心になるんにゃ！

かいせつせねば なるまい…

失敗はいやなもの？楽しいもの？

ゲームは好きかにゃ？

最初から全部クリアーできる、チョーかんたんなゲームって楽しいかにゃ？

きっとつまらないはずにゃ。

ゲームって、何度もうまくいかなかったことがあるはず。そこから学んで、次はああしよう、こうしようといろいろ試してみる。

そうやって、うまくいく方法を見つけるのを楽しんでいるんにゃ。

それは、うまくいかなかった失敗から学んで楽しんでいるんにゃ。

なぜなら失敗から学ぶことが、うまくなることにつながるからにゃ。

同じように学校でも日常生活でも、人は失敗から学びさえすれば、失敗を楽しむこともできるということなるんにゃ。

なぜなら失敗から学ぶことが成長することにつながるからにゃ。

にゃんと すごい！

失敗も、それから学べば楽しいんにゃ！

ふりかえりドリル

これまで学んだこと、わかったこと、次にやることのメリットを考えて、書いてみるにゃ！

🐾 本から学んだことは何ですか？

　

🐾 わかったことは何ですか？

　

🐾 わかったことを活かして、次にやることは何ですか？

　

🐾 それをやるとどういうメリットがありそうですか？

自由課題 考えてみよう！

最近の自分の失敗からどうすればよいか学んでみましょう。

● 自由に書いてみよう

正解なんてない。
考えることが大事なんにゃ！

3種類の結果

あることをやって、起こるのは3種類の結果しかないにゃ！

1つ目は、思った通りの結果。思った通りだから、やったことは合っていたことがわかるにゃ！

2つ目は、思ったより悪い結果。こうなったのには理由があるにゃ！その理由を解消すると思ったより悪い結果は起きなくなるので、次からうまくいく可能性が高くなるにゃ！

3つ目は、思ったよりよい結果。こうなった理由を見つけると、次から、思ったよりよい結果がいつも起こせるようになるにゃ！

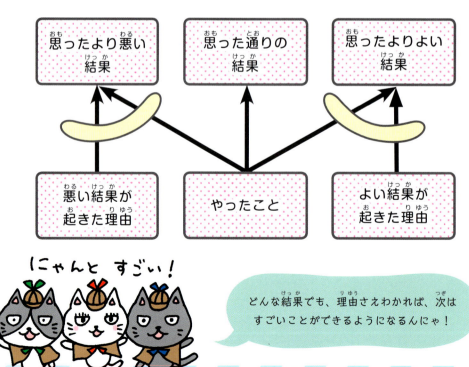

どんな結果でも、理由さえわかれば、次はすごいことができるようになるんにゃ！

第3章

夢見るにゃんこの お悩み解決！

夢をかなえるにはどうすれば いいんにゃ？

にゃんこの夢をかなえよう

にゃんこは、おしゃれが大好き。
いつかデザイナーになって、
すてきな服をつくれるように
なりたいと思っています。
でも、どうやったらデザイナーに
なれるかわかりません。
どうしたらいいのでしょう？

かわいい服をデザイン
したいにゃー！

夢をかなえるためにひみつの道具をどう使うか
教えてあげよう！

今できないことを考える

デザイナーになるためにまずは、今できないことを考えて
`はこ` に書くんにゃ！
`はこ` は何個でもいいんにゃ！

できることを考えるよりも、
できないことを考える。
おもしろいにゃー！

できないこと

| デザインの仕方がわからない |

| 服をぬえない |

| 布を買うお金がない |

できるようになることを考える

できないことの はこ に書いたことをひっくり返して、できるようになることを考えるのにゃ！

できないことをひっくり返すとワクワクするにゃ！

できないこと

- デザインの仕方がわからない
- 服をぬえない
- 布を買うお金がない

できるようになること

- デザインの仕方がわかる
- 服をぬえる
- 布を買うお金がある

できるようになることを
やれるようになる手段を考える

できるようになることがわかったら、それをやれるようになる手段を考えればいいのにゃ！

できるようになることがはっきりしていると手段もかんたんに考えられるにゃ！

最初の服はお父さんにプレゼントするにゃ！

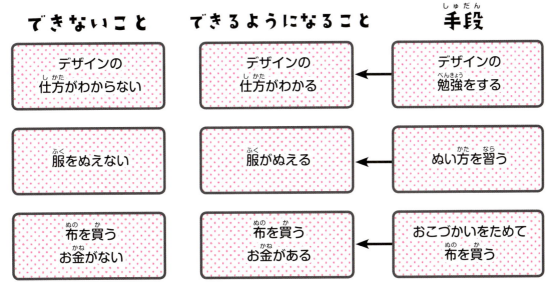

できない理由のほうが先に出るわけ

人はもともとライオンとかトラとかヒョウのような猛獣よりも弱い生き物。だから、生き残るために、自分を守らなければならないという本能があるのにゃ。

人はまだわからないことに対して自分を守るために、いやな予感をあらかじめ考える能力によって進化したといわれているのにゃ！

これはゴリラなど霊長類の研究で世界的に有名な京都大学の山極壽一総長から教わったんにゃ。

人はもともといいことを考えるよりも、いやな予感を考えるほうが上手なんにゃ。

だから、**できない理由を先に考えて、できる道筋を見つける**ほうがかんたんで、より早く、夢の実現に向かって道筋を考えることができるんにゃ！

できない理由を先に考えるとできる道筋が見つかるのにゃ！

ふりかえりドリル

これまで学んだこと、わかったこと、次にやることのメリットを考えて、書いてみるにゃ！

🐾 本から学んだことは何ですか？

🐾 わかったことは何ですか？

🐾 わかったことを活かして、次にやることは何ですか？

🐾 それをやるとどういうメリットがありそうですか？

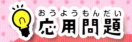
応用問題

まだ夢がないときはどうするの？

にゃんじは、夢がまだありません。
ちゃんと自分の将来の夢をもっている
にゃんこがうらやましいと思いました。
でも、自分の夢をどう見つけたらいいかわかりません。
どうやったら自分の夢を見つけることができるのでしょう？

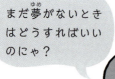

まだ夢がないとき
はどうすればいい
のにゃ？

夢がないなんてちょっと
さみしいにゃ！
自分の夢を見つけてもらうに
はどうしたらいいんにゃ？

自分の夢を見つけるうまい方法があるんにゃ！

まわりのいやなことを考えてひっくり返す

まだ夢が見つかってないときは、身のまわりの「いやなこと」を はこ に書いてみるのにゃ。それをひっくり返して、どうなればいいか はこ に書くのにゃ！

「どうなればいい」の はこ の中に、やりたいことの夢がかくれているかもしれないのにゃ！夢が見つかれば、そのために「何をすればいい」かを考えればいいんにゃ！

身のまわりのいやなことを解決するといいことが起こりそうだにゃー！

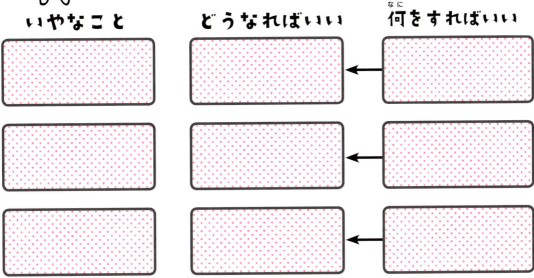

にゃんじはまわりの いやなことを考えた

まずは、まわりのいやなことを考えてみるのにゃ！

ゲームがうまくならないし、宿題はきらいだし。成績は悪いし、へこむにゃー

いやなこと	どうなればいい	何をすればいい
ゲームする時間が足りない		←
宿題がきらい		←
成績が悪い		←

いやなことをひっくり返す

次に、「いやなこと」をひっくり返して「どうなればいい」か考えてみるのにゃ！

ゲームが好きなだけできて、宿題が楽しくって、成績がいいなら、サイコーにゃ！

いやなこと	どうなればいい	何をすればいい
ゲームする時間が足りない	ゲームする時間がたくさんある	
宿題がきらい	宿題が楽しい	
成績が悪い	成績がいい	

何をすればいいかを考える

そして、「どうなればいい」に書いたことを実現するために「何をすればいい」か考えるんにゃ！

ゲームを仕事にして、ゲームみたいに遊びながら宿題や勉強ができるようになったらすごいかもにゃ！

にゃんじ君の夢ってゲームの開発者になること？

いやなこと	どうなればいい	何をすればいい
ゲームする時間が足りない	ゲームする時間がたくさんある	← ゲームを仕事にする
宿題がきらい	宿題が楽しい	← 宿題がゲームでできるようになる
成績が悪い	成績がいい	← 遊びながら勉強できるようにする

かいせつせねば なるまい…

いやなことをなくすことは ブレークスルーにつながる

身のまわりのいやなことを解決すると、どう感じるかにゃ？

きっとうれしいはずにゃ！

解決しようとしている身のまわりのいやなことがたくさんの人のいやなことだとどうなるにゃ？　自分だけじゃなく、たくさんの人がうれしく思うはずにゃ！

世の中のブレークスルーは、多くの人たちのいやなことを解決したことで生まれているにゃ！

だから身のまわりのいやなことは、ブレークスルーのネタの宝庫なんにゃ！

身のまわりのいやなことはマイナス。そのマイナスからマイナスをなくすとプラスになる。大きなマイナスをなくせばなくすほど、世の中へのプラスは大きくなるんにゃ！

にゃんと すごい！

大きなマイナスを解決すると世の中にブレークスルーを起こせるんにゃ！

ふりかえりドリル

これまで学んだこと、わかったこと、次にやることのメリットを考えて、書いてみるにゃ！

🐾 本から学んだことは何ですか？

🐾 わかったことは何ですか？

🐾 わかったことを活かして、次にやることは何ですか？

🐾 それをやるとどういうメリットがありそうですか？

自由課題 考えてみよう！

きみの夢をかなえるにはどうしたらいいか考えてみましょう！

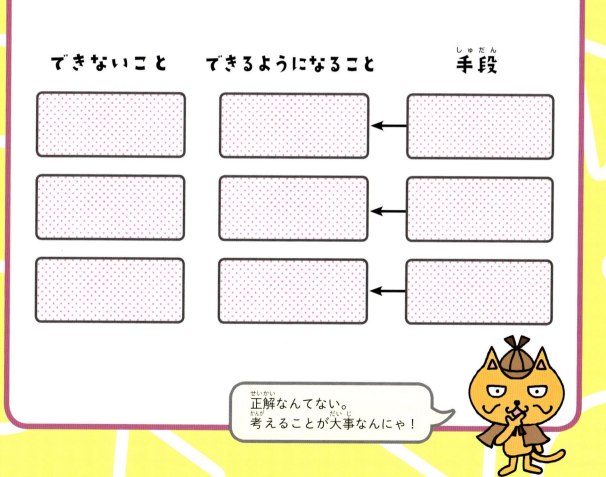

おまけ 教科書にない問題の正解？

教科書にない問題を解かなければならないことも、日常生活ではよくあることにゃ！

「正解」を辞書で調べると「結果としてよい選択であること。」（広辞苑）と書いてある。つまり、思った通りの結果が出れば、やったことは正解だったということにゃ！　いつも、これをやったら、次に何が起きるか考えておくんにゃ！　そして、思った通りの結果が出れば正解にゃ！　思った通りの結果が出なくても心配ないんにゃ！　その場合は、思った通りの結果が出なかった理由を考えればいいにゃ！　その理由を解消すれば、思った通りの結果が出るようになるにゃ！　これから起こしたいことを考えて、やることを考えることで、自分にとっての正解をつくっていくことができるんにゃ！

第4章

にゃんと先生のお悩み解決！

おとなの悩みはどうやって解決するんにゃ？

ダークサイドにゃんと先生のお悩み

イライラすると出てくるのが、にゃんと先生の裏キャラクター、ダークサイドにゃんと先生。
ふだんはおだやかなにゃんと先生なのに、ダークサイドにゃんと先生に変身すると「勉強しなさい！」と命令ばかりしはじめます。
「勉強しなさい！」と言えば言うほどみんながやる気を失います。
どうすればいいのでしょう？

命令をするとどうなるか？

「勉強しなさい！」と命令するとみんなはどうなるのか考えてみるのにゃ！

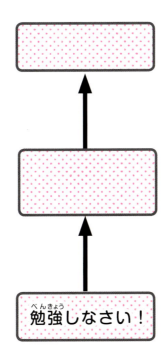

勉強しなさい！と言ったらどうなるか考えてみよう！

指示命令だけでは人は動かないんにゃ！

相手に納得して動いてもらうには？

指示命令だけでは人はやる気にならないのはなぜにゃ？

目的も理由もわからず、指示命令だけでは、人はあまりやる気になれないにゃ。

でも、やることの目的がわかって、理由もわかると、相手もより納得して行動に移してくれるにゃ！

相手に動いてもらおうと思ったら、自分のやってほしいことを主張する前に、まずは**目的と理由を相手に説明**したほうがいいにゃ！

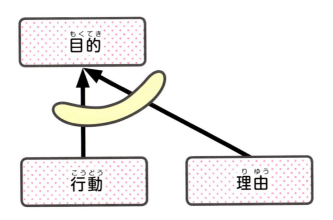

にゃんと すごい！

目的と理由がわかると相手も納得して動いてくれるにゃ！

自由課題

考えてみよう！

「勉強しなさい！」と言うかわりに、どうすればみんなが
やる気になるのか考えてみましょう！

- **自由に書いてみよう**

> 正解なんてない。
> 考えることが大事なんにゃ！

エピローグ

にゃんと探偵団 4つのちかい

> 3つのひみつ道具をうまく使いこなすにはどうしたらいいんにゃ？

やってはいけない4つの考え方

どんなお悩みも解決する3つのひみつ道具だけど、たとえ3つのひみつ道具を使っても、お悩み解決ができなくなってしまう考え方があるにゃ。

それは、「ものごとを複雑だと考える」「人のせいにする」「対立はしかたないと考える」「わかっていると思う」ことにゃ。

こういう考え方をすると、どういうことが起きるかにゃ？

そこで、きみに質問にゃ！
- ものごとを複雑だと考えていいことがありそう？
- 人のせいにしていいことがありそう？
- 対立はしかたないと考えていいことがありそう？
- わかっていると思うといいことがありそう？

どれもいいことはありそうもないのにゃ。
この４つの考え方をすると、お悩み解決から遠ざかってしまって、いつまでも解決できなくなってしまうのにゃ！
これを反対にするのが、４つのちかいのひみつにゃ！

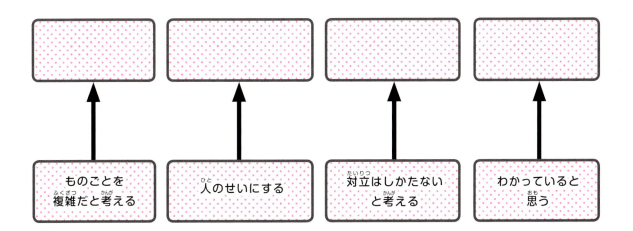

にゃんと探偵団4つのちかい

一つひとつのちかいについてメリットを考えてみるのにゃ！

- 「つなげてシンプルに考える」と、どういういいことが起きそう？
- 「人のせいにも自分のせいにもせず、思い込みのせいにする」と、どういういいことが起きそう？
- 「対立しても両立する方法を考える」と、どういういいことが起きそう？
- 「わかっていると言わない」と、どういういいことが起きそう？

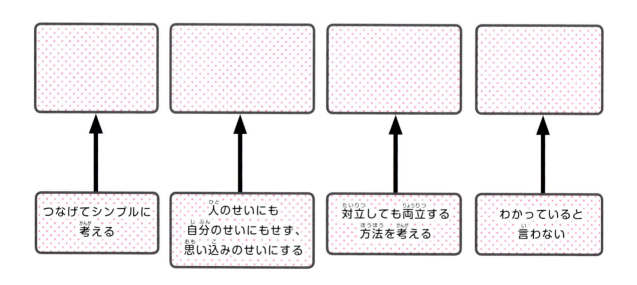

にゃんと探偵団
4つのちかいがくれるパワー！

シンプルに考え、思うようにいかなくても思い込みを見つけるチャンスとして考え、対立はブレークスルーのチャンスと考え、常に新しい発見を探し続けるというのは、まさに科学者としての姿勢なんにゃ！

4つのちかいは科学者みたいに考えることなのにゃ！

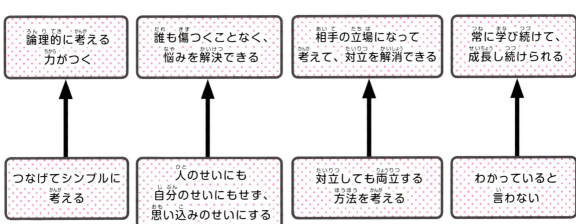

4つのちかいのひみつ

4つのちかいは、わたしの師匠、イスラエルの物理学者、ゴールドラット博士が考えたことで、お悩み解決のために頭をうまく使うための極意なのにゃ！ それはもともとは次の4つの考え方なのにゃ。

- **ものごとはそもそもシンプルである**
  →複雑なものでもシンプルさを見つけて問題解決する

- **人はもともと善良である**
  →どんな状態でも、誰でも、もともといい人であると考えて、人のせいにせず、思い込みを見つけて問題解決する

- **ウィン・ウィン（おたがいに満足すること）は常に可能である**
  →対立のときこそ、おたがいにメリットのあるウィン・ウィンで両立するブレークスルーを生み出す

- **わかっているとは決して言わない**
  →常に学びつづける姿勢を失わない

これら4つの考え方をもつと、充実した人生を過ごすことにつながるのにゃ！

> 科学者のように考えることは、充実した人生にもつながるのにゃ！

にゃんと探偵団のメンバーへ
ノーベル賞学者　山中伸弥先生からのメッセージ

科学実験とは失敗から学ぶプロセスそのものです。

でも失敗するとへこんでしまい、失敗しないように、チャレンジしないようになってしまいがちです。

しかし、失敗のないところに成功はありません。

失敗や思ったようにいかないことは、本来は宝の山のはず。わたしたち科学者はふだん研究するとき、論理的な考え方を大切にします。それは、論理的に考えれば答えはかならず出るはずだ、と信じているからです。

それなのになぜか研究以外のこと、人のチームワークなどの問題になると、論理的には解決できないと思い込んでいました。そうした問題についても、論理的に考えることで答えはかならず出るはずだ、という考え方はとても新鮮でした。人のかかわる研究開発のマネジメント※1 でも、科学者のように考えてよいとわかったのです。

科学の分野で論理的に考えることは重要です。なぜなら、今までなんとなく正しいと思っていたことにも、思い込みがひそんでいることがあるからです。

教科書に載っている答えをそのまま研究成果として出しても、世の中の役には立ちません。今まで誰も解けなかった問題を解き、教科書に載ることをめざさなければならないのです。

論理的に考える力を訓練すれば、教科書に載るくらいのイノベーション※2 をきっと起こせると信じています。

※1 マネジメント：ものごとを管理し、運営してゆくこと
※2 イノベーション：これまでにない切り口によって、新しい価値を生み出すこと

かいせつせねばなるまい…

天才とまわりに言われるようになるには

　３つのひみつ道具を使うことになれると、これから起こることを前もって論理的に予想できたり、今まで対立していたことを両立して解決すること（ブレークスルー）ができるようになるにゃ。
　練習をすればするほど、それは上手になっていくのにゃ。
　たくさん練習をして、世の中で今起きていないことを前もって論理的に予測できたり、世の中で今まで対立していたことを両立するブレークスルーができる人のことを、人は天才というのにゃ。
　すごい筋肉がついているボディビルダーだって、最初からすごい筋肉がついていたわけじゃない。自らできたえてつくり上げたのにゃ。
　頭も同じにゃ。
　自らきたえてすごい脳みそをつくることもできるんにゃ！

> 頭もきたえることができるのにゃ！

にゃんと すごい！

ふりかえりドリル

これまで学んだこと、わかったこと、次にやることのメリットを考えて、書いてみるにゃ！

🐾 本から学んだことは何ですか？

🐾 わかったことは何ですか？

🐾 わかったことを活かして、次にやることは何ですか？

🐾 それをやるとどういうメリットがありそうですか？

よい子の のろい パート2

ずっと悩み続けていたある日、にゃんと君は、3つのひみつ道具のことを知りました。そして、人のせいにしたり、自分のせいにしても問題は解決しないことに気が付きました。
そこで、「どうして思ったようにいかないのか」、思い込みを見つけることにしたのです。

そしてわかったのです。
「教科書通りやればいい。正解がある」と考えていたことに思い込みがあったことを。
「教科書がない。正解がない」ならば、教科書にも正解にもたよらず、自分で正解をつくるしかない。
よく考えれば、教科書に載っていることも、過去の誰かが問題を解いたもの。
ならば、今、教科書に載っていない問題に取り組んで、正解を新しくつくれば、教科書に載るくらいのすごい人にもなれるのです。そのことに気づいてワクワクします。

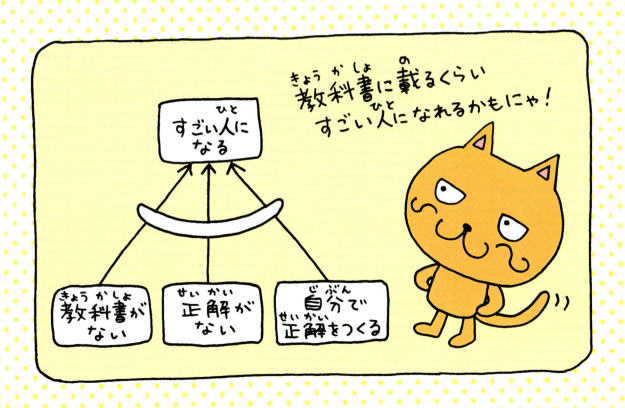

にゃんと君は、3つのひみつ道具を使って、あらゆる問題に取り組みはじめました。すると、どんどん問題が解決していくのです。
いつの間にか「よい子ののろい」が解けていきました。
問題が解決するたびに、毎日が楽しくなります。
にゃんと君の評判はどんどん広まっていき、みんなのお悩みもいっしょに解決してあげるようになりました。そして、にゃんと君は、いつしか「にゃんと先生」と呼ばれるようになり、「お悩み解決！ にゃんと探偵団」を結成することになったのです。

ついには、『子どもの考える力をつける　3つの秘密道具』という本が出版され、今では、お悩み解決の教科書となって、たくさんの人のお悩みを解決しています。
にゃんと先生は今ではチョー人気もの。今日もみんなのお悩み解決を助ける充実した毎日を過ごしています。
めでたし、めでたし！
「よい子ののろい」おしまい。

にゃんと先生からのお手紙

最後まで読んでくれてありがとにゃ！
単純な丸暗記はたいくつかもしれないけれど、頭を使って考えるのは楽しいものなんにゃ。
3つのひみつ道具は、かんたんでわかりやすい。しかも図で表すことができるので、みんなでお悩み解決することもできる。みんなの知恵を使って解決するので、いい解決策が見つかる可能性も高まるのにゃ。一人でお悩みを抱え込むことはもうないのにゃ！

もっと深く学びたいメンバーや先生、お父さん、お母さんには、3つのひみつ道具を教えるための本『考える力をつける3つの道具』（ダイヤモンド社）もあるのにゃ。そして、3つのひみつ道具を教えられるようになりたい人には、「教育のためのTOC日本支部」が国際認定資格コースを提供しているのにゃ。

濱野友綺ちゃん、河野姫彩ちゃん、河野光莉ちゃん、加藤爽真くん、奥村そらちゃん、奥村ひなたちゃん、渡邉啓太くん、若林朔太郎くん、そして、永竹江麻ちゃんには、この本を書くためにいろいろな感想をもらって、とっても感謝してるにゃ！

みんなからも感想のお手紙まってるにゃ！

お手紙まってるにゃ！

にゃんと先生　〒101-0051
東京都千代田区神田神保町1-52　ナツメ社ビル3階
ナツメ出版企画株式会社
にゃんと先生 係

参考文献

『考える力をつける3つの道具』岸良裕司・きしらまゆこ著／ダイヤモンド社
『ザ・チョイス』エリヤフ・M・ゴールドラット／ダイヤモンド社
『ヒトの心と社会の由来を探る』山極壽一著／高等研選書　財団法人国際高等研究所
教育のためのTOC日本支部　http://tocforeducation.org/
「TOCによる学習のつながり」　NPO法人教育のためのTOC国際認定コースプログラム　教材
『広辞苑　第六版』／岩波書店

著者
岸良 裕司（きしらゆうじ）

ゴールドラット・コンサルティング・ジャパン CEO。全体最適のマネジメント理論 TOC（Theory Of Constraint: 制約理論）をあらゆる産業界で実践し、目覚ましい成果の数々は、国際的に高い評価を得ている。東京大学ＭＭＲＣ非常勤講師。おもな著書に『考える力をつける３つの道具』（ダイヤモンド社）、『職場の理不尽』（新潮社）など。

イラスト
きしらまゆこ

絵本作家・イラストレーター。おもな作品に『はいチーズ！』『ピピとキキのもちつきぺったん』（ともにフレーベル館）、『サンタのいちねんトナカイのいちねん』（ひさかたチャイルド）、『おとなりさん』（BL 出版）など。

編集協力・本文デザイン　ジーグレイプ株式会社

編集担当　田丸智子（ナツメ出版企画株式会社）

ナツメ社Webサイト
http://www.natsume.co.jp
書籍の最新情報(正誤情報を含む)はナツメ社Webサイトをご覧ください。

子どもの考える力をつける３つの秘密道具
お悩み解決!! にゃんと探偵団

2018 年 5 月 1 日　初版発行
2020 年 5 月 1 日　第 6 刷発行

著　者	岸良裕司（きしらゆうじ）　©Kishira Yuji, 2018
発行者	田村正隆
発行所	株式会社ナツメ社 東京都千代田区神田神保町 1-52 ナツメ社ビル 1 F（〒101-0051） 電話 03-3291-1257（代表）　FAX 03-3291-5761 振替 00130-1-58661
制　作	ナツメ出版企画株式会社 東京都千代田区神田神保町 1-52 ナツメ社ビル 3 F（〒101-0051） 電話 03-3295-3921（代表）
印刷所	図書印刷株式会社

ISBN978-4-8163-6428-0　　　　　　　　Printed in Japan
〈定価はカバーに表示してあります〉〈乱丁・落丁本はお取り替えします〉

本書に関するお問い合わせは、上記、ナツメ出版企画株式会社までお願いいたします。

本書の一部または全部を著作権法で定められている範囲を超え、ナツメ出版企画株式会社に無断で複写、複製、転載、データファイル化することを禁じます。